中华武术典籍珍藏

民国武术文献选刊

第二辑　第五卷

崔虎刚　收集整理

北京体育大学出版社

责任编辑：井亚琼
责任校对：刘艺璇
版式设计：高文函

图书在版编目（CIP）数据

民国武术文献选刊．第二辑．第五卷 / 崔虎刚收集整理．-- 北京 ：北京体育大学出版社，2024.1
（中华武术典籍珍藏）
ISBN 978-7-5644-4010-7

Ⅰ．①民… Ⅱ．①崔… Ⅲ．①武术－文献－汇编－中国－民国 Ⅳ．①G852

中国国家版本馆CIP数据核字(2023)第254991号

民国武术文献选刊．第二辑．第五卷　　崔虎刚 收集整理
MINGUO WUSHU WENXIAN XUANKAN. DI-ER JI. DI-WU JUAN

出版发行：北京体育大学出版社
地　　址：北京市海淀区农大南路 1 号院 2 号楼 2 层办公 B-212
邮　　编：100084
网　　址：http://cbs.bsu.edu.cn
发 行 部：010-62989320
邮 购 部：北京体育大学出版社读者服务部 010-62989432
印　　刷：北京雅图新世纪印刷科技有限公司
开　　本：710 mm × 1000 mm　1/16
成品尺寸：170 mm × 240 mm
印　　张：8.5
字　　数：89 千字
版　　次：2024 年 1 月第 1 版
印　　次：2024 年 1 月第 1 次印刷
定　　价：98.00 元

筹委会

（排名不计先后）

【河北】

王雪松 董智勇 侯晓山 张春光 智泳 李向东 王弘武 苏建中 魏朝辉

王英臣 赵军 段雷朋 王欢迎 孟祥国 刘明华 王文革 董法胜 卢宝库

马新华 孟令斗 李学兵 龙威 狄松涛 牛树天 孟令聪 张永泽 孟令兴

孟令江 张思雨 高立新 陆明文 赵世君 张守安 王向东 赵永亮 曹彦场

刘念 许栋 卢保卫 庄国伟 孙健 巩国平 孙振 姜海伟 徐书长

王宾 王永涛 赵志勇 张剑军 孟祥龙 柴海生 田卫民 王铁英 张继斌

秦晓悦 刘红强 王长军 田振伟 田伟 闫庆洪 郎立成 张坤伟 李波

周弘 郗建勋 刘光芒 王福庆 张星一 董贵轩 高国辉 孟春华 陈志刚

张增海 李常琳 章建春 张斌 李冰 王小龙 鲍玉龙 常军 李会锋

盖国海 张铁柱 钟俊峰 张根云 任增良 宋分成 李保辉 卜元法 刘雷

封佳良 李立兵 郝桂英 杨志英 赵连江 张聪 夏令虎 李正国 丁强

李文龙 王学武 陈宇明 李金龙 张义 牛志勋

【山西】

李旭东 刘笃义 苗树林 李乃勤 张振杰 陈贵更 姚建东 张欣 邢晓朝

王连恒 王兵 马德祥 薛文江 温锦铭 杨军 郝利华 李俊杰 王守禄

董冬元 张奇林 任晓平 沈炜东 赵京生 刘叔勤 梁光平 郭玉文 李白

王理生道长 吴志刚 阎子龙 王宏伟 王建 李德仁 郭润泽 高玉兔

许青行 孙君荣 陈娟 赵国华 王银辉 胡晓琴 田志丹 韦树杰 温玉恩

胡元亮 马海平 张玉全 阴建文 王日兵 郭扬 释妙修 高全民 何军

冉高峰 李正业 王勇义 晨曦 田正西 马学恩 郭晋博 王建筑 高宝东

王太晨 侯庆林 朱喜何 宋宝贵 宋俊芳 吴会进 王俊香 张楗军 王德俊
胡佳锋 王雨东 李青峰 史德全 吕卓 梁文章 李宇鹏 于庆海 吕永昌
吕传泳 李景福 乔一铭 王攀峰 石大永 姬俊峰 贾国喜 吴利生 吴利民
杨志忠 胡安辉 曹中义 胡丽娟 武冬 王勇 陆向春 高静 姬才
殷文军 王苗祥 王仲文 江俊峰 张丕锋 白玉仁 刘铁铸 秦同文

【内蒙古】

刘井春 褚海东 孙根新 宋仿琛 范健宇 武静安 刘永文 郭迎宾 王浩亮
卢爱琴 乾坤 白景春 张国华 吕瑞亭 刘世君 周彦明

【北京】

胥荣东 康戈武 徐杰 于昕洋 肖红艳 酒大雷 姜启超 聂志涛 刘翊
吕鸣捷 赵安平 尚远宇 王凯 孙汝贤 牛立新 孙国中 党雪田 高晓光
贾永安 邸国勇 乔宁 辛强 刘铄 程庆余 王桐 赵天阳 左宇彤
韩俊瑛 孙嘉浜 孙文景 白石羽 德全 欧阳 万周迎 徐鹏 刘路遥
李谷 左健 付洪波 成金俊 黄志刚 李戈 彭龙 陈铁 高雪峰
王宝山 王中行 王沥斌 贞达 孙庆丰 薛岩 李迎 张斌 洛尘
张磊 金微 秦保华 杨文学 王庆年 徐许 刘福龙 孙国柱 刘满常
于浩 张国儒 刘万成 于江

【天津】

崔巍 于经元 胡向阳 刘宝林 张天龙 张金旺 丁伯立 顾海波 赵文龙
王诜 王福勇 崔媛媛 马延凯 张聚贵 孙国善

【辽宁】

刘洪刚 任彬 于万凯 孟涛 黄中元 高朋 万勇 梁丰 孔德林
潘大庆 王秀如 臧福源 李保刚 薛圣东 孙贵东 袁波 张悦 韩宝轩
蒋秀山 侯明 乔武 刘英伟 张国志 刘计星 李金友 高宇 马畅
郑维钧

【吉林】

张　河　邓宇光　李　银　丁　皓　骆立文　王君波　孟　宇　徐厚祥　佟　冰
倪　郝　赵　耀　郭其武　袁洪范　刘　君

【黑龙江】

佟亮辰　张艳阳　陈玺镔　张指辉　王　皓　宋　梁　郭宝成　陈　斌　刘立国
毕文波　杜伟国　黄忠伟　李　冰　吴　俣　曹志峰　马宏伟

【河南】

张雄鹰　种明生　郭航海　王志远　贾自愿　安呈林　朱利军　释延布　杜长坤
刘启飞　石　勇　王农川　郑营俊　常青州　张　艺　马众森　王占敏　巩建松
倪根上　陈近仁　李朝乾　李紫剑　邢红义　李佩革　刁修华　梁靖予　宋尚军
释延巽　李红林　赖庆新　陈万军　郝跟上　张　帆　恒　勇　王子淳　张亚东
孙明亮　魏淑云　赵振选　王会武　耿　军　买西山　买　威　时晓武　买　勇
买仁萍　仵　锋　马德占　王长明　张伟兵　代忠波　张　玮　段建民　孙保才
李小欣　酒同标　酒小郎　苗轩国　孙和龙　孙随成　焦立武　王建设　刘培兴
苗鸿宝　苗步超　张运生　苗田营　苗富强　杨德民　胥兆飞

【湖北】

徐　斌　张建生　李应龙　刘　杰　石　峰　田　浩　夏四鸿　梁靖予　陈玄机
瞿凤华　秦声浩　严　飞　姜学斌　郑桂桐　胡炳林　李德民　薛兴江　胡圣奎
王卫红　焦通章　徐赐兵　黄亚平　戴珂铭　张　显　刘秋龙　马国平　薛劲松
李志武　丁大益　黄胜文　唐俊虎

【湖南】

苏若鸣　陈开喜　王常秀　张常海　邹　骁　刘建湘　黎昌元　向军华　张继桂
蒋谷川　滕召军

【广西】

黄耀丹　夏　敏　唐晓艺　严翰秀　赖铭强　梁杰乔　张容嘉　廖贤阳

【广东】

于鸿坤　蒋荣杰　任官生　蒋子龙　张俊林　蒋化一　李湘山　刘　泉　沈建杰
余锐镔　张勇强　方　金　陈　执　毕荣俊　刘志坚　靳清江　马廉祯　吴广添
邵剑波　梁伟民　颜志图　吴启贤　陈　伟　王　贵　张梦阳　陈福和　廖锦泉
方应中　陆常康　杨亚国　房向南　陈健志　覃海权　徐　宏　梁柏清　赵刚生
江善祯　房　生　黄　熠　李伟光　贾华兵　王会哲　林国生　吴晓辉　吴立群
冼伟昭　梁文楷　黄仕君　曾奕涵　钟立强　陈会祟　杨柳标　王邦菊　张广辉
刘志添　刘春涛　杨春茂　詹亮清　莫华法　罗浩苑

【深圳】

郑喜平　周　华　李翰青　曹革林　苏洪海　梁　丰　贾永唐　徐百军　连　成
蒋定臻　王继勋

【海南】

梁昌泰　张　雷　李　秀　陈东升

【山东】

高鹏熙　李满利　张松仁　谭京杰　王　刚　马　斌　刘　毅　孙胜辉　周云峰
王玉金　尤明达　厉善祥　刁长俊　周庆春　孙丰玺　许　峰　王芝强　王　斌
刘维明　战文腾　宫智辉　倪德飞　孙思蒙　张　斌　郝代远　史　鼎　康汝宙
郭　宁　张长生　赵延俊　张胜利　张克田　周　游　刘　伟　安宝东　刘军农
董玉明　王景钏　贾友民　张树远　李保庆　王继国　王焱鹏　潘　章　高　承
李万温　张卫东　王宏全　王　伟　梁国爱　李海涛　李飞林　刘连洋　王国川
郑中华　张彦营　姚　磊　刘东强　白正刚　吕延波　洪卫国　张延斌　谷志强
孙晞棠　赵国忠　邓　桦　曹广超　周　琦　陈　雷　泰　祯　李安国　郭英新
徐西林　董志忠　张乐华　孙瑞全　张元海　刘龙昌　谭凯文　冯长源　杨　雷
张　涛　李其胜　梁殿品　张祥泽　朱宗启　薛士玉　杜孝伟　朱永强　樊　霄
杨圆义　刘道毅　李若现　王立岩　要学良　刘圭生　郭玉刚　张　鹰　李金顺
彭维利

【江苏】

杨　忠　窦小彦　许　忠　江其林　兰顺林　王存果　刘季月　周晓明　卜照生
张　亮　马　伟　时丕昌　师厚春　徐　帆　林圆龙　梁　雪　王新跃　谢逸繁
李　胜　解建昌　张爱成　沈枫涛　翟爱武　王吉波　张爱春　王海港　胥子连
毕明府　程　明　刘　通　陈军民　虞洪涛　张　滇　陈灏梁　景怀义　韩运疆
宫翠峰

【浙江】

仇富军　吕　亮　倪顺坚　孙　吉　杨秦健　张　斌　金　翰　王良辰　李继红
蔡德强　戴有木　张青松　马俊成　刘　柱　俞永辉　刘立存　李诚勤　张　俊
高宜挺　许科军　俞佐清　顾　坚　王圣华　刘小峰　杨　华　陈碧如　邓显群
顿鹏辉　江　澜　王一静　姚步高　江敏华　王纪杰　蒋　文　陈宇阳　钱周锋
周　明　蒋仲清　陈幼根　周　锋　陈沛宝　赵　青　凌风子　景　然　周美良
潘小江　卢成昌　潘石弟　凌懿文

【福建】

王福民　蔡卫权　倪忠森　王振河　张祖永　蒋秀山　许剑云　陈向荣　孟庆贺
连国汉　林　峰　俞景耀　陈恒演　涂智兴　罗建晖　林和顺　胡文辉　梁　涛
林建栋　吕信明　周　攀　杨　晗　刘有春

【安徽】

胡春泉　曹　军　钱军帅　祝安园　聂红松　江　奎　魏　冰　毛立欢　冯　皓
欧阳兴业　马　林　铁中玉　刘俊杰　王靖华　武爱东　陈晓东　徐永银
吴　笛　陈　军　赵　飙　张宏华　王　磊　吴　昊　胡卫东　吴　伟　谭全胜
刘法志　汪　泉　乔长良　朱红军　杨纯生　卫　存　卢　杰　秦　琥　王学东
聂　刚　曹其根　曹季泉　曹加才　纪良发　曹　凯　董德霖　张　博

【江西】

熊庆云　钟水清　李舒霖　郭木青　王联军　唐毓堃　张功燚　李江明　屈　群
刘　超　应宗强　李洋洋　陈　军　乐　繁　代建国　钟祥明　虞法志　章新尧
林爱兵　林国生　刘炳开　童加清　李曦初　李海斌　王禹平　崔瑞郡　李广华

【上海】

林　杰　谭振勇　朱长跃　樊永平　杨雨辰　金培贤　金俊达　尹　捷　薛怡平
鞠学东　阚水源　凌先生　孙连盛　杨志承　孙经纬　王宝财　谢琦辉　刘　志
何轻舟　吴爱民　宋　旭　游　清　释永照　董家良　董纲成　陆龙祥　陈海光
梅永福

【陕西】

李　钢　张　钢　郭华东　邵　华　杨俊伟　罗　德　董安强　贺元瑞　杜群喜
杨伟峰　王晨生　杨　坚　白永东　孙　武　陈少纯　郭桂荣

【甘肃】

郝心莲　辛富国　金　宏　李宝才　温世杰　马　伟　汪子竣

【宁夏】

杨文舜　梁杰乔　吴　涛

【青海】

马宏伟　朱春明

【新疆】

赖宝珊　任　军　黄尘哲　张新民

【云南】

黎丽辉　曾　瀚　李太宏　鄢　博　赵顺军　张晨光　叶昆生

【贵州】

杨绍平　谢明宇　刘　曦　孙鲁龙　黄　檗　刘庆涛　曾昭弟

【四川】

侯　毅　古海啸　梁军民　金　亚　李　阳　周新杰　罗　斌　王伟骅　陈兴均
曹　卉　兰　唯　唐博文　郭　建　邱湘彭　罗小波　唐　昶　黄趾洲　温昌奇

【重庆】

罗　明　徐泉森　罗先雄　曹晓东　陈治军　张文欣　张宗华　周光华　黄文才　吴洪明　刘天海　袁一晋

【香港】

李健雄　Mehdi　谢永铭

【台湾】

杨正隆

【其他国家】

黄少武　王振身　陈　闯　龙勿用　胡耀武　柳寿晨　容光远　张立彪　甲斐正也　村上正洋　片桐阳　马永光

特别鸣谢

李金明　王彩鲜　李延春　庞明泉　李　翔　智晓园　于　芳　张　梅　周兰英
安　毅　王新瑞　李克宣　崔并花　杜崇开　刘　治　张　昭　李继光　薛思问
杨春兰　李　懿　邹德发　吴世勋　高友孝　刘瑞荫　黄兴发　王云山及其姐
袁树礼　郭荣珍　耿爱梅　刘丽俊　郝富义　李补鱼　郝锦园　杨桂芳　杨洪喜
刘怀玉　钟雪友　蔡震升　伦怡馨　高　瑛　李龙城　张魁武　柳百成　张德生
李建勇　贺国安　王慧琴　冯银刚　韩太民　韩原民　曹东红　王　浩　韩常林
韩焕茹　尤素娥　赵海凤　胡玉洁　张桂兰　田喜凤　郭宝芳　魏宏斌　袁建斌
郭　宏　马润生　冯骑明　阎文辉　焦清华　王秀丽　郭　刚　韩秀英　卢冬光
张雪刚　尹贵龙　范阿宝　朱建华　巩爱平　胡建彪　何建东　郝宪伟　郝建邦
郭仁实　高澍芃　江敬斌　薄建东　郑　炜　周　宏　吕　毅　徐用生　田春林
李　明　师维勇　韩小华　尹小玲　赵学毅　刘巧莲　任建玲　赵媛凤　义瑞珍
张玉香　张秀玲　魏巧燕　王小源　海晓霞　刘庆林　赵丽华　徐　静　姚书典
殷　岩　王小根　王海英　宁晚林　胡玉亭　乔　栋　田振山　林　纲　赵大春
朱　峻　王民忠　李　刚　顾武安　李　峰　章　青　叶林忠　贾云杰　许树华
杜　箐　刀京梅　孙慧敏　姜淑霞　王占伟　王艳玲　常学刚　梁伟民　王跃平
冉宏伟　王　蓉　苑博洋　胡志华　李博伦　宋杨萍　韩　翔　田海英
恩师朱华先生、师母冀秀珍女士
父亲崔官禄、母亲王玉莲及兄弟姐妹各家人

目录

形意拳讲义

提要

《形意拳讲义》，一册，印本，无版框。封面书名“形意拳讲义”前有“武字 44 号”字样，不知何意，待考。封面后有岳武穆像，乃许振江所绘；之后有梁启超录庄子语“技也而通乎道矣”一句。书末有版权页，标注“民国十二年五月付印”（由此可知该书成书于 1923 年），监订者姜学海，校阅者吕超然，教育教官赵锡龄，担任主教康子玉、赵占魁、张岐山、王得胜。另外，还有“非卖品”字样。

该书前有辅文两篇。第一篇是《总则》，包括“宗旨”和“通论”两部分；第二篇是《形意拳讲义目录》，该目录与该书正文部分有出入，以正文为准。之后的正文共有五篇，每篇为一章。第一篇为“第一章　踙法总说”，含五节，分别为“踙法练习法”“踙法全身之部位”“踙法要素”“踙法四忌”和“踙法理论”，据文义，本章出现的“踙”字应为“桩”字。第二篇为“第二章　五行拳总说”，含五节，分别为“劈拳”“崩拳”“钻拳”“炮拳”“横拳”。第三篇为“第三章　十二形总说”，含十二节，分别为“龙形拳”“虎形”“猴形拳”“马形拳”“鼍形拳”“鸡形拳”“鹞形拳”“燕形拳”“蛇形拳”“鸽形拳”“鹰形拳”“熊形拳”。第四篇为“第四章　杂式拳□□（此处两字字迹模糊，难以辨认）”，含四节，分别为“连环拳”“八式拳”“烘捶拳”“六合拳”。

武字44號

形意拳講義

岳武穆像

許振江敬繪

技也而
通乎道

美

録莊子語

梁啓超

總則

宗旨

一保固有之國粹作體育之基礎振尚武之精神供進戰之要求

一此編拳術之特點無紛異人團體教練務簡勁堅變化神速進御閃顧各無所碍並取教範體操併細經營實合軍隊之用

一此編要在淺而易明簡而易行如前後授罪左右陪襯連篇累牘故意賡大其詞深奧其旨令閱者如墜雲霧者不取

通論

一我國拳術門類繁而變化多教授動遇困難學習亦頗不易此編冠以總說示以理論教者得此觸類引申自無處處不詳之弊

一此拳底蘊揭示首篇至五行十二形雜式之講求尤為練拳必經之階級三篇勢異勁同由簡入繁剖析分明證據精確按圖索驥事半功倍

一為便於初學者易於了解起見故口令中常有一式分為數動時待其操作純熟擇其不宜分開者須合併之否則有失拳術之精神教授者宜注意

一拳術之道不外乎形勢理由兩大宗形勢者拳術

之當然也理由者拳術之所以然也若學者只知當然不知其所以然雖朝夕從事亦難收良好之效果著者有鑒於此故於每節成式後加以理論探者細心研求循序漸進久之則可達上乘地步

一拳術之術理與生理物理幾何各科學相通故其中之剛柔橫順斜正虛實皆有至理存焉差之毫釐謬之千里練時須照本編之規定施行不可隨

無步法徒尚美觀而失真意

一步法轉法等口令均按步兵操典施行

一本編所述乃歷年教練之心得今特排列成篇其

淺深秩序有條不紊亦經酌詳盡全編不及百勢

而拳術之機鑰無不畢矣

原本此页无内容

形意拳講義目錄

第一篇

第二篇

第二章 五行拳

第一節 劈拳

第二節 崩拳

第三節 鑽拳

第四節 礮拳

第五節 橫拳

第三篇

第三章 十二形

第一節 龍形

第二節 虎形

第三節 猴形

第四節 馬形

第五節 鼉形

第六節　雞形
第七節　鶴形
第八節　燕形
第九節　蛇形
第十節　鴿形
第十一節　鷹形
第十二節　熊形

第四篇

第四章 雜式拳

第一節 連環

第二節 八式

第三節 烘捶

第四節 六合

原本此页无内容

第一篇

第一章　樁法總說

樁法為拳術基本其姿勢必嚴肅端正穩固自然其內勁必沉靜柔質達於一貫其理由必索隱鈎溟洞悉究竟而後（方）再學各拳方易於進步不然惟速成之是求殊難（收）達（效）於上乘學者豈可忽哉

第一節　樁法練習法

口令立正

站蹤數〃聞令兩手握拳上提至心窩兩手反對手心向上右拳〃由鼻尖方向向前鑽出手心消向右翻小指中節骨頂與鼻尖相對右肘在心窩前右方左拳〃於右肘之內側按指向外拳心向上於右拳前鑽時右足同時前進半步腳尖外撇約三十五度此時兩股似曲非曲似直非直腰須下沉如第一圖(2)

踪法第一圖

左拳順右臂方向前出至兩手交點時右臂於拉下按兩手之勁如同抽線惟於掌心相印時左足已到左掌心之垂直線上兩掌停止特左足即前邁踏地左足跟距右足尖約八十生的不可前栽後仰左歪右斜如後之第二圖

蹚法第二圖

上圖蹚法為子午蹚乃形意拳中最普通應用之蹚法也此蹚法有高架矮架之分初練時宜取高架俾有根基即換作矮架矮架蹚如能站好樁拳時不論何形當不作難矣以上為左側勢蹚法其右側勢者亦然惟左右互換足矣如欲停止即喊立正口令乃作者後足靠於前

足兩手放下仍取立正姿勢待令

第二節　站法全身之部位

一頭部　頭向左橫前枕後頂頂心下縮下頷微收似有就近左肩之意兩眼須食指指尖向前平視

一肩部　兩肩合抱下沉肩窩要鬆兩腋窩要有光沛潤大之意左肩在前右肩在後兩肩斜度約七十五度

一兩臂及手部　兩肘下墜兩腕前挺手背及兩指成瓦攏形虎口要圓拇指內合外撐中食指上挑無名指與小指向裏裹掌心微縮成隋圓窩狀左手與左足在一垂直線上右手置於臍下右臂要有裹勁中食指要有前插勁

全臂分為三節由肩至肘為根節由肘至腕為中節由腕至指尖為稍節根節要有自然前催之勁

中節要有兜裹擰鑽之勁指上之勁如前所述非如
比不能氣貫掌心力達指尖

一胸部　靜心閉口心窩微收呼吸以鼻舌抵上膛
氣歸丹田

一腰部　腰須平正脊骨要直

一胯部　兩胯合抱臀部前作穀道內提

一膝部　左膝外翻右膝裹合

一足部　兩足下蹬之時身要平均足之十指要有抓地之勁左足尖向前內扣之勁外撇足跟之勁要合但均不要露形右足尖向前右方成三十五度之角度與左足跟之距離約八十生的兩足心要有提縮之意全身重點在兩足之間若以牽線引之似成鼎足之勢如第二圖

第三節　跕法要素

站法之要分爲八一頂二扣三圓四敏五抱六垂七月八挺合爲三八二十四法如此一氣貫通充實丹田則一身之法盡得之矣

一曰三頂　三頂者何（一）頭（後腦骨）向上頂頭爲週身之主上頂則後三關易通腎氣因之上達泥丸以養性（二）舌向上頂舌爲內之精氣之囊上頂能導上升之腎氣下行歸入丹田以固命（三）掌根足

根外頂則氣貫通身力達四肢

二曰三扣　三扣者何(一)兩肩要扣則前　空潤氣不上浮(二)手背足背要扣則指有抓力(三)齒要扣齒乃骨之稍齒扣則骨節緊縮

三曰三圓　三圓者何(一)脊背要圓脊背圓則尾閭中正神貫頂(二)前胸要圓前胸圓則心窩微收呼吸通順(三)虎口要圓虎口圓則手有裹抱力

四曰三敏　三敏者何(一)心要敏心敏則能隨機應變(二)眼要敏眼敏則能視察機宜(三)手要敏手敏則能先發制人

五曰三抱　三抱者何(一)心氣要抱遇敵有主(二)丹田氣抱擊敵必准(三)兩肱要抱遇敵無險

六曰三垂　三垂者何(一)兩肩下垂則臂長而活(二)兩肘下垂則能護兩脇(三)腰部下垂則身穩如山

七曰三月　三月者何(一)肱似弓如半月(二)膝彎如半月(三)腕曲如半月皆取其伸縮自如用勁不斷之意

八曰三挺　三挺者何(一)項要挺則頭部正直(二)脊骨要挺則氣鼓全身(三)足腕要挺則如樹生根

第四節　跪法四忌

一忌兩腿下蹬不平正不平正則不能發力

二忌腰部彎曲腰彎曲則氣不能下行

三忌一站即起使兩腿不受痛苦則難有進步

四忌肩聳頭歪眼先亂視心氣不定呼吸不調

第五節　踢法理論

欲求拳術之妙用必自換力始換力者何即使其拙而化為靈也然欲化拙為靈捨踢法外無他法大凡人性好動而惡靜往往於初學技術時喜練拳不樂

站踮經年累月不知却去多少苦功愁費多少血汗而對於拳術不但毫無進步即週身之勁亦不能一貫推其原因皆由於缺少站踮功夫所致蓋踮法者一身之法也一身之法既明而拳術之妙即在其中矣夫練拳必先站踮如築室必先築基址然基址既堅而後加棟樑飛甍於其上任風雨之飄搖而無恐未有不築基址而先築百尺之崇樓者亦未有基址

未堅而莫崇捷飛鶯之待以穩固者八無能萬智力有限拳雖小道學理無窮必經如此階級乃可以見效而無險氣充勁整發手而勝人習久精深自達於致虛極守靜篤陰陽分析剛柔迭用與夫解釋各訣之運用迭貫一氣之變化循環無窮之因應地步學者安可不注意乎哉

第二篇

第二章　五行拳總說

五行拳者劈崩鑽礮横也劈拳似斧屬金在内可以養肺崩拳似箭屬木在内可以養肝鑽拳似閃屬水在内可以養腎礮拳似礮屬火在内可以養心横拳似彈屬土在内可以養脾蓋劈崩鑽礮横者横言之即金木水火土也此五行生尅治化循環不已而拳術宗之亦有生尅之道列表於左

五行相生表		
金生水	故劈拳易變鑽拳	
水生木	故鑽拳易變崩拳	
木生火	故崩拳易變礮拳	
火生土	故礮拳易變橫拳	
土生金	故橫拳易變劈拳	

五行相魁表		
金魁木	故劈拳易破崩拳	
木魁土	故崩拳易破橫拳	
土魁水	故橫拳易破鑽拳	
水魁火	故鑽拳易破礮拳	
火魁金	故礮拳易破劈拳	

上二表乃五行拳生尅之原則也要在學者審悟大理再加以三級俱備之精神對拷時庶可操勝算矣

第一節 劈拳

口令立正

劈拳數(一)聞令即將右手右足一齊鑽出兩手抱力兩腿夾力頭要頂力足要扒力丹田沉氣如(第一圖見)將左手左足一併前發如兩手握斧劈物之狀 又

名鷹捉拔勢如(第二圖)(1)左手與左足一齊撤向後撤隨即鑽出變為陽拳(2)右手右足一併前發前脚跟與後脚尖之距離約六十生的如(第二圖)如此更翻迭進左右相同至左手左足在

劈拳第一圖

劈拳第二圖

前時向後斡數(1)右拳上提由口前鑽出左拳微曲
匿於右肘之內側身隨後斡右足在前左足在後如
(第一圖)(又)如(第二圖)以上為單步式初學者便於操
作俟有根基再練複步式複步式者每前進一步須
在八十生的以上動作時前腿先動後腿同時隨進
半步再行前進

影拳理論

第一式手脚鑽出乃像闖首之回打如此式未能得力敵人向我擊來或敵人後退即用第二式追擊之，凡手脚微向後撤時須有含蓄纏綿分鉎不斷之勁且兩肘不可緊靠，兩脇否則被敵所乘易生危險

第二節　崩拳

口令立正

崩拳數（一）（又）與站踪同再聞（一）同時右手變拳旋轉

衝出虎口向上與心平與左足上下相對左手變為
陽拳撤於肚臍前左足進逼半步右足隨之兩足相
距約三十生的前足要順後足右斜三十度後足跟
裏面與前足裏面在一直線上拳要握緊肘要裹墜
肩要沉順頭要頂領腹要沉實胯要裹把步要提踵
扒縮之勁合週身用攻力而前傾如（第一圖）（乙）不必
換步用鑽步而進以胯擰力送之左拳旋轉順右拳

崩拳第一圖

崩拳第二圖

上面衝出與心有得勁
分領之意右拳撤於脇
肆改為陽拳有擰翻挺
頂之動（如第二圖）如此
更翻迭進左右相同至
右拳在前時口令向後
轉數（1）右手撤回上提由口前鑽出右足微提身隨

之後轉同時左拳順右拳衝出變為掌右拳撤於肚臍前亦變為掌右足在前腳尖右斜三十度左足在後安順如第三圖(又)右手變拳與左足同時衝出右足隨之前進左手變拳撤於肚臍如(第一圖)若左拳在前向後轉亦然

崩拳第三圖

練時最忌後手太於撤後太後則勁散勁散則動遲
動遲則百弊叢生
此拳既不換步而右足應（左）置妥當地位竭力補注方
無（況）他慮若兩足相靠或右足偏左故拳着敵時敵則
於我不第無有餘勁再發而身必自搖有不穩之虞
若能身動如開弓發手如放箭恰合此拳本性質

第三節　鑽拳

口令立正

鑽拳數(1)(2)與站踵同再開(1)前手變為撥掌與口約離尺餘食指與中指俱用挑力掌欲內縮掌根向外切力全胳膊成一勻弧形後手即變陽拳仍靠肚臍步不換只與手同時前進半步如(第一圖)(丈)左足前墊半步同時右

鑽拳第一圖

手右足一聲鑽出拳與鼻齊拳心向內拳要頂力胳膊前端要錯力左手同時變拳從右手下撤靠肚臍並兩手有撕採之勁如（第二圖）如此更翻迭之左右相同至左手在前時即下後轉口令後轉數（1）左手撤回靠於肚臍右

鑽拳第二圖

手反轉領碗冲出變為撥掌身隨後轉右足在前左

足在後如（第一図）（又）左手左足一齊衝出如（第二図）

總拳理論

第一式性為開前之因打第二式乃是退通之打法

拳不可過高過高則蔽己目不可過低過低則發拳

無效不可偏外偏外則無抱力不可偏内偏内則必

透横為使敵乘故以鼻為標準殊覺得力古云鼻為

中央之土萬物資生之源此之謂也

第四節　蹴拳

口令　立正

蹴拳數(一)(見)與站樁同再開(一)兩足向前用疾步兩進左腿附屬於右腿左足懸於右脛距地寸許兩腿似並非並勁如夾剪右手微向前伸與左手同時握拳撕展撒四變為陽拳靠於膝前其形若有欺翻之意如(第一圖)(見)兩拳鑽出與口齊右拳左足衝出虎

礮拳第一圖

口向上與左足相合左拳向上鑽撑卽靠於天庭拳心向外步从形步取能踴虎坐之象其勁分為撑捍攻翻如(第二圖)再

礮拳第二圖

間(1)左手展裹翻頂與右拳並撤至臍前同時左足進過半步右足靠

於左脛如(第一圖)(足)如(第二圖)如此更翻進退左右相同至左足在前時如(第二圖)即下從轉口令後轉數(1)左拳落於右

蹴拳第三圖

拳平線左腳尖內扣旋轉於新方向右腳一步之前右腳靠於左脛兩拳撤於肚臍如(第一圖)(足)左手右足一併衝出右手鑽於天庭其姿勢如(第二圖)惟手

足至換耳

破拳理論

第一式為進步之圓打第二式為進步之通打用此拳時心氣要靜發手要速乘敵不備即用暴力（即身如火藥拳似弓之意）猛而向前其身勢要小不要大氣必銳力必蓄攻必近所謂近者必在五步以內三步以外方猛擊之使敵手足頭昧無所施展哉則勢

如〃旋風急如雷電前手以伸崩錯裹墜之力發其勁後手以鑽翻頂横捋之力固其攻全身用勁毫無歸反之意斯可以無拳不破無敵不往惟後手過横是為大患不但易受敵來而且難於變化學者記之

第五節　横拳

口令立正

横拳數(1)(2)與站踮同再閒(1)右手變為拳從左肘

前劈出拳心向上拳要有撑翻横錯之勁左手亦變為拳撤於肚臍兩手有撕綿之勁左足前進半步如

横拳圖

（上圖）（見）左手從右肘前鑚出與右足齊發左拳與右足斜合左肘與右膝相合左肩與右胯相合右之與左亦然週身之勁背須數摩說實如此更翻返進左右相同至右手左

足在前時即下後轉口令後轉數(1)右拳姿勢不變
左足尖向內扣右足以足跟着地與身體同時在原地
旋擰轉回仍右手左足在前(2)左拳右足一齊衝出
右拳擱於肚臍

橫拳理論

此拳人多用之以作困法而不知劈扇打法其打不
在手有橫力而在步之斜進十生的不在拳有頂力

而在照牌前端之錯按任教授者當注意焉

以上所定五行拳口令為便於初學者起見故各着各式均須分明教授設按此練習純熟再將一二口令改為一個動作其着法方為顯著

第三篇

第三章　十二形總說

夫人為萬物之靈具技能當超乎萬物之上方無愧

色然而飛不如禽走不如獸豈以人反不如物乎。形意拳中有十二形焉曰：龍曰虎曰猴曰馬曰鼉曰雞曰鷂曰燕曰蛇曰鴿曰鷹曰熊蓋龍有搜骨之法虎有撲食之勇猴有縱山之靈馬有逆風之性鼉有浮水之技雞有欺鬪之意鷂有入林之妙燕有抄水之精蛇有撥草之能鴿有蹬尾之勁鷹有捉拿之功熊有豎項之力人果能潛心玩索以格其理身體力行

以傚其意取各物之長補一人之短不惟身强力壯技藝超羣已也而且延年益壽為起死回生之丹汞學者曷勉力行之哉

第一節　龍形拳

口令立正

龍形數(1)(兒)與站踨同再闡(1)左足上提旋轉落下足尖左斜四十五度右足在後要順右足尖與左足

跟在一直線右膝頂於左膝窩同時右手鑽翻衝出

下對左足甲欲透骨如抵物之形左手撕摞撤回靠

於肚臍氣貫掌心有按物之勁如(左圖)(五)兩腿夾力

兩手採勁腹要鼓氣頭要頂力兩掌握向上提身用

龍形圖

暗勁前升若神龍鑽天

之意落下時右足左手

在前右手左足在後其

勁同於前式如此更翻迭進左右相同至右手左足在前時即下從轉口令其轉法與崩拳向後轉同

龍形理論

練時勿甚用力暗聽氣注丹田遍體鬆撒兩臂沉靜五心相印(即手心足心本心是也)若神龍游空夭矯不測

第二節　虎形

口令立正

虎形數(1)(又)與站樁同再聞(1)用疾步而進右足在前左足靠於右脛兩手握拳撤於臍前與鑽拳第一式同(足)左足向前用鑽步斜進兩手隨之上鑽至口前放掌翻轉下落如雙手推石壓卵之勢頭欲頂人手欲擊人身欲攻人足欲跳人氣欲催人目欲盯人心欲欺人合週身俱無歸人良之意如(虎形圖)如此

虎形圖

更翻迭進左右相同至於向後轉法與劈拳後轉數(1)周

虎形理論

練時須鼓實全身之氣發揚四肢之勁臂堅腰實腋力充沛一氣整貫始終不斷起落有勢弩目强項其欲進逆其視眈眈至作出怒虎出林兩爪排山之形

方合具意

第三節　猴形拳

口令立正

猴形數(1)(2)與站踠同再開(1)左手雲化撤回即由右手上衝出右手上順左手上面虛點一指即由左手下撤回與心平兩手無名指與小指均內握右足提起手足同時動作身體右斜三十度如猴才縱升

木之形四望觀看之意如(第一圖)此、右手順左手上而衝出與右足一齊落下左手撤於口下如(第二圖)

如此更翻遞進左右相同

欲向後轉至左手左足在前時將左手撤於口下身體後轉右手冲出右足在前左足在後

猴形第一圖

猴形第二圖

猴形理論

練時須摺背靈活伸縮得勢閃括摑摑勿滯塞起落進退隨心發身應速使氣宜集聚做具技巧精靈之妙旋轉變化之奇手足奸毒之紀伸縱動作之敏方出此拳之真精神

第四節　馬形拳

口令立正

馬形數(一)(乙)與站樁同再閱(一)兩手握拳左足前墊半步右拳右足衝出左拳靠於右手腕後三寸許均是陰拳其勁頭頂肩催肱挖足抓胯坐股攻如(馬形

馬形圖

圖)(乙)右足前墊半步左拳左足衝出其勢其勁與右同如此更翻迭進左右相同欲向後轉至

左手左足在前時將身體往後轉右拳衝出左拳撤回隨之之靠於右手腕後三寸許右手右足在前左手左足在後

馬形理論

練時頭步穩氣實浪浪迅速衝足裹胯兩臂迴環開胸技力橫順精奇肩窩　放兩抱合肥四肢奔放發用直衝之勁存逆風之性若駿馬奔馳能駒衝鞭猛虎

剪嘴之形

第五節　鼍形拳

口令立正

鼍形勢（一）（式）與站駘同再開（一）兩足跟提起兩手由口前鑽出撥旋而進如此三次落於右手右足在前作撥掌式左手附於右肘傍兩手中指無名指小指均握回右足在前左足在後一虛一實一進一退一

剛一柔一打一周曲曲彎彎若兩鼉在水面相鬪之

鼉形圖

形如（上圖）（又）仍如前撥鼓兩進落於左手左足在前右手右足在後如此更翻進進左右相同至向後轉時與猴形同

鼉形理論

然時須活其腰沉其腹束其胸靜其氣兩足進退之

勁向上提週身旋轉之意如樹梢若能學到似雨字

撥浪之狀逆水鑽翻之形方達極點

第六節 雞形拳

口令立正

雞形數(1)(2)與雞蹄同再開(1)右足用急步而進右手從反手下沖出即從左手上撤回靠於肚臍左手在前左足靠於右脛如(第一圖)(2)與第一式同(3)

雞形第一圖

雞形第二圖

右手握拳衝出仍左足在前左手即按於右腕下如(第二圖)(廿)右拳向後上翻 靠於天庭左拳向下外坐翻如(第三圖(5)左手向上攢捧附頦於口之左前方右手展揷靠於左胯右腿靠於左

繞形第三圖

雞形第四圖

腿如(第四圖)(6)右手右足一齊挑出左手揪於腰下如(第五圖)(7)左手右足一齊衝出形如站臨第二式惟動作時右手不揪但左手由右手上前出拜(8)右手右足

雞形第五圖

雞形第六圖

一齊沖出形如站踁左側式之(1)(2)兩動作(9)右手旋轉撤回靠於肚臍左手由右手上衝出左足靠於右脛如(第六圖)(10)與第三式同向後轉與劈拳同

雞形理論

然時須凝精聚神斜臂沉氣緩急相通起落自然擰步盤須有欺鬥之意動靜身平有獨立之形學者務剋多模倣以索究竟

第七節　鷂形拳

口令立正

鷂形數八聞數即將身半面向右兩手均向外擰動

交叉靠於右膝腿微彎曲腰須下沉如(第一圖)開(1)

鷂形第一圖

鷂形第二圖

速將左手左足向前鑽出右手陽拳靠於肚臍此為鷂子入林又名彎弓射雁如(第二圖)(2)將右手右足向前平直衝出左手姿勢不動右手

鷄形第三圖

鷄形第四圖

置於左手上左足提起靠於右腿離地五寸許如(第三圖)(5)左手左足衝出右手鑽至天庭如(第四圖)(4)將左拳撤提口前向上鑽出遂將右手右足一齊衝出與鑽拳第二式同後轉時右手自

鼻尖及胸部向下翻擰落於右膝平直線拳心向後所經路線成一勾弧形左手提翻天庭拳心向外兩足尖與手同時轉回以足根着地眼看右拳右手再從原線旋轉翻回靠於肚臍變為陽拳左手由天庭下翻順左足直線衝出拳眼向上頭亦同時轉回眼看左拳此後轉動作如寫字回鋒之意名曰鷂子翻身落式 與第二圖同

鷄形理論

練時須束身而起藏身而落兩臂合抱有鷄子入林之形兩肘靈活有翻身扶肩之勢項撑膝縱神斂氣定更有永存束身沉靜包鑽之意也

第八節 燕形拳

口令立正

燕形數(1)與鷄形第一式同(五)右手從左手下衝出

即從左手上向撇回靠於肚臍左手從右手上面撇
回即從右手下衝出右足與手同時前進一步左足
亦隨之前進一步左足在前右足在後落式與站樁
第二式同(3)其手之往來步之前進與第二式同初
起時微高如燕子鑽雲之形落時微低有燕子抄水
之意兩手如同兩翅均掌心向上如(第一圖)(4)右手
陽穿從左手下衝出左手微撇附於右胳膊前端之

燕形第一圖　　燕形第二圖

中間右足與手同時進
至左足之點着地左足
亦同時微提靠於右腿
如(第二圖)左拳左足再
同時衝出左拳拳眼向
上右拳樹棵撤回改為
陰拳靠於肚臍落為劈拳式(5)左手微提即向前伸

右手右足一齊衝出落為鑽拳式後轉時與雞形同

燕形理論

練時須兩臂舒放出入循環有撕採之勁兩腿伸縮縱橫往來有抄水之精心平氣靜昂首閉肋若身沖空高躍飄飄退落方合其意要在學者深心悟之

第九節　蛇形拳

口令立正

蛇形勢（1）（见）與站勢同再閒（1）左手微向外撥即向上撐撐如由內向外畫一圓圈形附護於口前右手展伸靠於左膝右足靠於左腿距地三寸許與雞形第四圖同（又）右手右足一齊衝出前手掌心斜向上小指與右膝平肘要墜力胳膊上面要抖力以肩沉力向前衝左手翻轉撤至左脇若按物之狀如從（一）蛇形圖（一）如此更翻迭進左右相間砍向微轉無論何手

蛇形圖

何足在前開(1)將後手向後下反撥即向上撥掉擴於口前前手撇而展掉靠於後膝身亦隨之而轉與第一式同(2)與第二式同如(前圖)

蛇形理論

練時須身柔氣靜臂活腰靈蓋氣之吞吐柳楊以況

静柔實為主如蛇之氣節節靈通其本若物也如甚無力象一與物遇則氣之收斂勝於勇夫至關兩指而推挨起落若蛇之有兩舌其游蕩曲折有止乎不得不止行乎不得不行之意所謂百練之剛成繞指之柔其斯之謂也

第十節　鷂形拳

口令立正

鴿形 數（以）與站旋同　再開（　）兩掌變拳按至胸前微觸向上攢撥纏橫即向下展摟錯頂陽拳靠於臍前手向上時左足即前墊半步手落下時即前進一步右足在前左足在後如（鷹形圖）（見）左勢與右勢相同後轉時無論何足在前兩手動作同上前足隨身轉回前墊半步後

鴿形圖

足即前進一步然墊步之足在後

鷂形理論

練時須兩拳攥緊勁氣充實兩臂攢翻展轉合抱而出若鷂之兩翼斜披裹身下行腰脊堅強如捉物之狀足跳步衝有登尾之功而其妙用復在於膀打

第十一節　鷹形拳

口令立正

鷹形拳(一)(又)與劈拳同再開(八)左手攥拳向上提至口前即翻採下按右手從左手上面衝出仍左足在前如(鷹形圖(九))右手攥拳向上提前横左足同時前墊半步右手右足一齊衝出右手翻採下按置於左肘旁如此更翻迭進左右相同然轉時在前之足隨身微轉後足隨之

鷹形圖

前退一步手足動作與前進同

鷹形理論

練時須視以內踴身以斜進前手出時與頭若有連味相關落後欲將前足提起如此練久方能達出拳之神

第十二節　熊形拳

口令立正

熊形數(1)(乙)與站樁同再開(1)右手握拳從左手下衝出拳心向內左手握拳回撤稍於右肘旁左足與

熊形圖

手同時前墊半步右足隨之左足在前右足在後如(熊形圖)(乙)左拳從右手下同時與右足一齊衝出而左拳撤稍右肘旁如此更翻迭進左右相同收轉時與橫拳同

熊形理論

練時頭豎項順肩扣脊塌腰抱胯挾膝其勁與橫拳相同不過姿勢微有異耳

第四篇

第四章 雜式拳總論

雜式拳者乃將各拳勢與技穿插連貫而成其姿勢雖變有差其之處而勁路同根本乃一着一勢演習

明瞭易學而難功雜式運動連接繁雜亂把難學而易切拔學者若能先將單式練習純熟功穩再從事於雜式各拳即可迎刃而解本篇列此本斯意焉

第一節　連環拳

口令立正

連環數(1)(2)與鏈鏈同再開(1)仍左足在前只前墊半步右足繼之右手變拳順左手上面衝出拳眼向

上左手變拳撇係微向陽拳靠於肚臍成崩拳式如
（第一圖）(1)左足撤至右足跟與右足根成一直線右
足尖外撇右手撤回肚臍左手由右手上衝出名爲
退步劈拳如第二圖(2)右足迹進半步右手隨之由
左手上衝出左手陽拳撤於肚臍成劈拳式如（第三
圖）(4)兩手均同時向上撐斜繞撤即向下展裏摟砸
陽拳對於臍前名爲白鶴展翅如（第四圖）(5)左手右

足冲出右手攒至天庭成磯拳式如(第五圖)(6)右手下展右足後退左手陽拳撤於口前如(第六圖)(7)左手變掌從右手上面擦出旋摟兩回左足亦隨之微撤即同時一齊衝出右手陽拳撤靠肚臍名為單撥掌如(第七圖)(8)仍左足在前只前墊半步右拳衝出左手從右手下撕採撤回靠於肚臍名為十字鑽拳如(第八圖)(9)左手變掌右足前進一步右手變掌向

左手下撤靠肚臍成龍形式如(第九圖)(10)右足前墊

半步右手變拳由左手上衝出左足同時前進一步

左手撕採撤回陽拳靠於肚臍成崩拳式如(第十圖)

向後轉與崩拳同

連環拳理論

連環者即着法連用之意凡老手名家之爭勝不在

於分離絕劲之手而在於黍米秒忽之間因黍米秒

忽之間即寓進即閃閃即進困即打打即困虛而不

屈實而非滯之哲理焉

原本此页无内容

第一圖

第二圖

第三圖

第四圖

第五圖

第六圖

第七圖

第八圖

第九圖

第十圖

第二節 八式拳

口令 立正

八式數……聞數即將身半面向右兩手均向外撑勁交叉靠於右膝腿微彎曲腰須下沉身稍前傾如(第一圖)聞(1)即將左手左足向前衝出拳眼向上右手陽拳靠於肚臍如(第二圖)(見)左手不動右手右足向前平直衝出右手置於左手上左足挨靠於右腿

距地五尺許同時再將左手左足衝出右手攢至天

庭拳心斜向上成順勢劈拳如（第三圖）（3）左手左足

不動右足前湊半步右手順左手上面衝出並置於

左手上如（第四圖）（4）左手從右手下橫出左足退於

右足後右手·撤圓陽拳靠於肚臍成退步橫拳式如

（第五圖）（5）右手右足一齊衝出左手陽拳撤靠肚臍

如（第六圖）（6）右手變掌向內旋撥撤圓陰掌靠於肚

臍左手變掌從右手上面向上衝出左足與手同時在原地用墊步不動左足提靠右腿距地五寸許名為鶴子提肩如（第七圖）(7)右手變拳與左足一齊衝出左手不動只用掌補於右腕後名為樓手勢如（第八圖）(8)兩手均向外掙下砸翻撒於臍前改為陽拳仍左足在前惟縱向後收如（第九圖）(9)右手左足衝出左手攢至天庭成撇拳式如（第十圖）(10)左手從右

手下横出右足向前横踹右手撇於肚臍如（第十一圖）
再開（11）右足落下右手由左手上衝出左手撇於肚
臍如第十二圖（乂）左手不動右手向上攢橫即向下
展摟與左手相對右足收與左足相靠成半白鶴展
翅形如（第十三圖）（3）身體微跳左手左足衝出右手
攢至天庭名為順勢撇拳如第十四圖（卄）左手微提
即向前攢右手右足一齊衝出拳心向內左手撇於

肚臍成攢拳式如（第十五圖）後轉時右手從鼻胸部向下翻撥落於右膝平直線拳心向後所經路線成一勾弧形左手提翻天庭拳心向外兩足共與手同時轉身以足根着地眼看右手如（第十六圖）右手再從原地旋轉翻回變為陽拳靠於肚臍左手由天庭下翻順左手直線衝出拳眼向上頭亦同時轉回眼看左拳如（第十七圖）

八式拳理論

此拳人多以擠通履採抖扇攢錯八字練之殊不知推擊突屈頓拄移步障礙適避引手錯砸八法實寓其中學者務精益求精不可過於拘溺

八式拳十七圖附後

第一

第二圖

第三圖

第四圖

第五圖

第六圖

第七圖

第八圖

第九圖

第十圖

第十一圖

第十二圖

第十三圖

第十四圖

第十五圖

第十六圖

第十七圖

第三節　烘揍拳

口令立正

烘揍拳(1)(2)與八式同如(第一二三圖)(3)左手向後攢撥挑頂身亦隨之後將右手右足一齊衝出拳心向內左手撤靠肚臍如(第四圖)(4)左手再向後攢撥挑頂身亦隨之後將右手從左手上衝出右足隨之左手撤靠肚臍如(第五圖)(5)右手向後攢撥挑頂身

亦隨之後將左手左足一齊衝出右手撒靠肚臍如
(第六圖)(6)右手再向後撇撥挑頂身亦隨之左手從
右手上衝出右足隨之如(第七圖)(7)仍左足在前只前
墊半步右足隨之右手由左手上平直衝出拳眼向
上左手揚拳撒靠肚臍成十字崩拳如(第八圖)(8)左
手順右手上面衝出鈎左足在前只進半步以膀
擰力向送右足隨之如(第九圖)(9)左肘微裹左足稍

收右手陰拳與右足一齊衝出左手陰拳藏於右腕側名為雙貫捶如(第十圖)(10)右肘微裹右足稍收左手陰拳與右足一齊衝出右手陰拳藏於左腕側如(第十一圖)(11)右手向後前攢翻身隨後轉左手左足一齊翻劈衝出如(第十二圖)(12)左足撤於右足處右足微提靠於左足左手撤掩右手上右手右足即一齊挑出如(第十三圖)(13)左手由右手上與左足一齊

衝出右手撤於肚臍如（第十四圖）（八）左手微撤前撇右手右足一齊衝出拳心向內左手撤於肚臍如（第十五圖）後轉時與八式同如（第十六十七圖）

烘揉拳理論

烘揉者即烘勁之謂也其性質與崩拳擊拳相同用此拳時務先察敵人之態度如何能力如何速率如何長度如何並知其優點何在弱點何在而後自己

氣以沉靜柔實為主動以迅速敏捷為上着以虛實並用為佳勢以束身縮小為妙形之以神攻之以勁決斷於剎那之際發手於黍米之間如此而不致勝者鮮矣

原本此页无内容

第一圖

第二圖

第三圖

第四圖

第五圖

第六圖

第七圖

第八圖

第九圖

第十圖

第十一圖

第十二圖

第十三圖

第十四圖

第十五圖

第十六圖

第十七圖

第四節　六合拳

口令立正

六合數(1)左手左足一齊冲出拳心向內右手陽拳補於左肘內側如(第一圖)(2)右手右足一齊冲出拳眼向上左手陽拳撤於肚臍如(第二圖)(3)左足不動左手從右手上面衝出右足後退右手陽拳撤於肚臍如(第三圖)(4)仍左足在前只進逼半步左手微收

即向前攢裹順錯拳心向內右手不動如（第四圖）（5）
右手右足一齊衝出拳眼向上左手陽拳補於右腕
後似馬形式如（第五圖）（6）兩手外擰翻硬撤於臍前
右足只用墊步左足提菲右足與礮拳第一式同如
（第六圖）同時右手左足衝出左手攢至天庭如礮拳
第二式如（第七圖）（7）左足進過半步左手從右手下
橫出拳心向上右手陽拳撤於肚臍如（第八圖）（8）右

手向後捭甚翻撩成弓式底左手揚拳撤於肚臍左足與手同時從右足右邊後撤一步右足在原地足根碾地轉回原方向如（第九圖）(9)右手向左斜展陽拳撤於肚臍左手左足一齊攢出拳心向上如（第十圖）(10)左手撤收即向前攢頂右手右足一齊衝出左手撤於肚臍如鑽拳式如（第十一圖）後轉時右足仍在原地左足微收身從左後轉右手從左斜展撤於肚

胯左手衝出左足前進半步右足隨之如（第十二圖）

六合拳理論

六合者混言之即手足齊到之意分言之即手與足合肘與膝合肩與胯合（是為外三合）心與意合意與氣合氣與力合（是為內三合）之謂也然此拳須內外如一上下相聯連於一貫之勁度合於此拳之本旨

六合拳十二圖附後

六合拳

第一圖

第二圖

第三圖

第四圖

第五圖

第六圖

第七圖

第八圖

第九圖

第十圖

第十一圖

第十二圖

民國十二年五月付印

非賣品

監訂者 姜學海

校閱者 呂超然

教育教官 趙錫齡

担任主教 康子玉 趙占魁 張岐山 王得勝